BEI GRIN MACHT SICH IHR WISSEN BEZAHLT

AF131317

- Wir veröffentlichen Ihre Hausarbeit,
  Bachelor- und Masterarbeit

- Ihr eigenes eBook und Buch -
  weltweit in allen wichtigen Shops

- Verdienen Sie an jedem Verkauf

Jetzt bei www.GRIN.com hochladen
und kostenlos publizieren

Alke Eilers

Die Auswirkungen des Zweiten Weltkrieges auf das Britische Empire (ab Mai 1945)

GRIN Verlag

Bibliografische Information der Deutschen Nationalbibliothek:

Die Deutsche Bibliothek verzeichnet diese Publikation in der Deutschen National-
bibliografie; detaillierte bibliografische Daten sind im Internet über http://dnb.d-
nb.de/ abrufbar.

Dieses Werk sowie alle darin enthaltenen einzelnen Beiträge und Abbildungen
sind urheberrechtlich geschützt. Jede Verwertung, die nicht ausdrücklich vom
Urheberrechtsschutz zugelassen ist, bedarf der vorherigen Zustimmung des Verla-
ges. Das gilt insbesondere für Vervielfältigungen, Bearbeitungen, Übersetzungen,
Mikroverfilmungen, Auswertungen durch Datenbanken und für die Einspeicherung
und Verarbeitung in elektronische Systeme. Alle Rechte, auch die des auszugsweisen
Nachdrucks, der fotomechanischen Wiedergabe (einschließlich Mikrokopie) sowie
der Auswertung durch Datenbanken oder ähnliche Einrichtungen, vorbehalten.

Impressum:

Copyright © 2001 GRIN Verlag GmbH
Druck und Bindung: Books on Demand GmbH, Norderstedt Germany
ISBN: 978-3-656-62016-7

Dieses Buch bei GRIN:

http://www.grin.com/de/e-book/56993/die-auswirkungen-des-zweiten-weltkrieges-
auf-das-britische-empire-ab-mai

GRIN - Your knowledge has value

Der GRIN Verlag publiziert seit 1998 wissenschaftliche Arbeiten von Studenten, Hochschullehrern und anderen Akademikern als eBook und gedrucktes Buch. Die Verlagswebsite www.grin.com ist die ideale Plattform zur Veröffentlichung von Hausarbeiten, Abschlussarbeiten, wissenschaftlichen Aufsätzen, Dissertationen und Fachbüchern.

Besuchen Sie uns im Internet:

http://www.grin.com/

http://www.facebook.com/grincom

http://www.twitter.com/grin_com

DIE AUSWIRKUNGEN DES ZWEITEN WELTKRIEGS

AUF DAS BRITISCHE EMPIRE

(AB MAI 1945)

Hausarbeit für das Proseminar

„Das Britische Empire"

im WS 2000/01

von

ALKE EILERS

Hannover, 18.02.2001

Inhalt

1. Einleitung

2. Hauptteil:

3. Schlussbetrachtung

1. Einleitung:

Eine Analyse der Auswirkungen des Zweiten Weltkrieges auf das Englische Empire beinhaltet zunächst eine Betrachtung der allgemeinen Zustände in Großbritannien direkt am Kriegsende.

Gleichzeitig ist es wichtig, besonders die wirtschaftlichen Folgen zu berücksichtigen, und darzustellen inwiefern die wirtschaftliche Krise mit der Umstellung von der Kriegs- auf die Friedenswirtschaft zusammenhängt. Welche Rolle spielt dabei die USA und inwiefern kann man von einer finanziellen Abhängigkeit Großbritanniens von den USA sprechen?

Außerdem müssen die innenpolitischen Folgen betrachtet und in Bezug zu der kriegsablehnenden Haltung des englischen Volkes gebracht werden. Inwiefern ist die Stimmung im britischen Volk für den radikalen Umschwung in der Politik verantwortlich, der der Labour-Regierung den bisher größten Wahlerfolg bescherte? Und zeichnete sich in dieser Wandlung der Kurs für die folgenden Jahre ab oder verblieb auch die Politik der neuen Regierung lediglich bei einem Fortführen der Politik Churchills?

Im Besonderen muss auch die außenpolitische Entwicklung in den britischen Kolonien berücksichtigt werden, um erklären zu können, inwiefern der Zweite Weltkrieg den Beginn der „Dekolonialisierung" Großbritanniens darstellte. Welche Rolle spielte die Besetzung der Kolonien während des Krieges für die Entwicklungsprozesse der Selbständigkeit der Kolonien? Welchen politischen Kurs verfolgte die britische Regierung in Bezug auf die Kolonialpolitik, und welche Reaktion zeigte sie auf die Befreiungskriege der Kolonien von der britischen Herrschaft?

Abschließend ist es wichtig, herauszuarbeiten, in welchem Maß das Englische Empire durch die politischen und wirtschaftlichen Folgen des zweiten Weltkrieges beeinträchtigt wurde, und welche Auswirkungen diese auf das weltpolitisch bedeutende Englische Königreich und seinen Einfluss in der Welt hatten.

2. Hauptteil:

2.1 Die Ausgangslage am Ende des Zweiten Weltkriegs in Großbritannien

Großbritannien war als dritte Siegermacht aus dem Zweiten Weltkrieg hervorgegangen. Jedoch wurden die vor 1938/39 befürchteten starken Verschlechterungen der Finanzkraft und Wirtschaftsmacht in Wirklichkeit stark übertroffen.[1] Die Siegermacht stand 1945 aufgrund des schnellen Ende des Krieges kurz vor dem wirtschaftlichen Zusammenbruch, was die britische Regierung wirtschaftspolitisch vor zwei wichtige Aufgaben stellte. Einerseits sollte die Exportwirtschaft erneut in Gang gebracht werden, damit Großbritannien zahlungsfähig blieb. Außerdem musste der Wiederaufbau des Landesinnern begonnen werden, um die internen Bedürfnisse zufrieden zu stellen und die britische Bevölkerung für die langen Jahre des Krieges zu entschädigen und für die Anstrengungen zu belohnen.[2]

2.2 Innenpolitische Folgen und der Regierungswechsel 1945

In der Nachkriegszeit sollte es vordringlich darum gehen, die wirtschaftlichen und sozialen Verhältnisse in Großbritannien zu „rekonstruieren". Dabei gewannen die Linken, insbesondere die Kommunisten, an Einfluss, und der größte Teil der Bevölkerung sah den Krieg mehr und mehr als einen „antifaschistischen Volkskrieg". Daher wurde auch den Konservativen bewusst, dass man nicht einfach zu den Vorkriegszuständen zurückkehren konnte, sondern dass eine Zusammenarbeit mit den Labour-Führern unerlässlich war, um den Rückhalt im Volk zu bewahren.

Am 5. Juli 1945 sollte nach zehn Jahren eine neue Regierung gewählt werden. Die Koalitionsregierung unter Winston Churchill, die seit Mai 1940 das Land gelenkt hatte, war am 23. Mai 1945 zurückgetreten, und bis zu den Neuwahlen regierte Churchill nur mit einem „Übergangskabinett".

---

[1] Schmidt, Gustav, *Großbritannien und Europa – Großbritannien in Europa* (Bochum: Studienverlag Dr. N. Brockmeyer, 1989) 7.
[2] Johannes Paulmann, *Staat und Arbeitsmarkt in Großbritannien - Krise, Weltkrieg, Wiederaufbau* (Göttingen: Vandenhoeck & Ruprecht, 1993) 333.

Dennoch rechneten die Konservativen mit einem erneuten Wahlsieg und richteten ihren Wahlkampf gänzlich auf Churchill aus. Churchill selbst konzentrierte sich darauf, die gegnerische Labour-Partei zu diskreditieren, anstatt den Wählern ein positives, zukunftsorientiertes Programm zu präsentieren.[3]

Die Konservativen hatten die Stimmung im Volk allerdings als völlig falsch eingeschätzt, da die wachsende Gemeinde der gewerkschaftlich organisierten Arbeitern in Großbritannien die „arbeiterfeindliche Innenpolitik" Churchills missbilligte und den kommunistischen und linken Kräften im Land Aufwind gab.

Die Labour-Partei hingegen erkannte diese Chance und veröffentlichte ein Wahlprogramm, das genau diesen Stimmungen im Volk angemessen war und den Wählern eine gute Alternative zu der Politik der Konservativen bot. Im Gegensatz zu den Konservativen, die sich zunehmend gegen die Sowjetunion stellten und somit indirekt die faschistischen Kräfte bestärkten, versprach die Labour-Partei, das Bündnis mit den USA und der Sowjetunion aufrechtzuerhalten. Jedoch rechneten die Labour-Führer nicht mit einem Wahlsieg.[4]

Am 17. Juli 1945 begann die Potsdamer Konferenz, bei der zunächst Churchill die Interessen Großbritanniens vertrat. Ziel der Konferenz war es, dass die Regierungschefs der UdSSR, der USA und Großbritanniens die Grundlagen für einen dauerhaften Frieden in der Welt schaffen und über das weitere Vorgehen mit Deutschland beraten und abstimmen sollten. Churchill versuchte in Potsdam stets die „Anti-Hitler-Koalition" zu „unterminieren" und Druck auf die UdSSR auszuüben.[5]

Zur Bekanntgabe der Wahlergebnisse reiste Churchill zurück nach London, ohne Zweifel, dass er erneut den Wahlsieg erringen würde.[6]

---

[3] Siegfried Bünger, and Hella Kaeselitz, eds. *Geschichte Großbritanniens von 1918 bis zur Gegenwart* (Berlin: VEB, 1989) 149.
[4] Henke, Klaus-Dietmar, „Westeuropa bis zu den Römischen Verträgen. Wiederaufbau und Integration – Großbritannien." *Fischers Weltgeschichte*. Eds. Wolfgang Benz und Herrmann Graml. (Frankfurt am Main: Fischer, 2000) 82.
[5] Hüttenberger, Peter. „Deutschland seit 1945 – Ereignisse und Entwicklungen." *Ploetz – Deutsche Geschichte Epochen und Daten*. Eds. Werner Conze und Volker Hentschel. Darmstadt: Wissenschaftliche Buchgesellschaft, 1996. 279.
[6] Henke 82.

Doch die britischen Bürger brachten der Labour-Partei den größten Wahlsieg ihrer Geschichte ein und verdeutlichten damit vor allem, dass sie die Führung des Landes im Frieden nicht den Konservativen übertragen wollten.[7] Die Labour-Partei gewann mit etwa 48% der Stimmen die Wahl, während die Konservativen nur etwa 40% der Stimmen erhielten. Der Wahlsieg der Labour-Partei wurde im Volk sehr positiv aufgefasst, und viele glaubten daran, dass sich von da an grundlegende Dinge in Großbritannien zum Besseren wenden würden. Am 27. Juli 1945 trat die neue Regierung zusammen. Premierminister wurde Clement Attlee, der seit 1935 Vorsitzender der Labour Party war.

Die neue Regierung stand 1945 vor vier eng miteinander zusammenhängenden Aufgaben. Sie musste die wirtschaftliche und finanzielle Krise des Landes überwinden und zugleich ihr umfassendes Reformprogramm durchsetzen. Außerdem musste die „weltpolitische Rolle" Großbritanniens in der neuen europäischen Mächtekonstellation gefestigt werden und schließlich musste versucht werden, die Emanzipation der Kolonialvölker nach britischen Interessen zu steuern.[8]

Gleichzeitig war es wichtig, dass Attlee so schnell wie möglich die Verhandlungen der Potsdamer Konferenz wieder aufnahm. In Potsdam schien es dann aber so, als hätte in Großbritannien kein Regierungswechsel stattgefunden, da sich nach der Ablösung Churchills durch Attlee nichts an dem politischen Kurs geändert hatte. Allerdings scheiterten auch Attlees Versuche, den Einfluss der UdSSR zurückzudrängen, und so wurde das Potsdamer Abkommen am 2. August 1945 unterschrieben.[9]

2.3 Wirtschaftliche Folgen

2.3.1 Der Weg in die finanzielle Abhängigkeit von den USA

Während des Krieges nahmen die wirtschaftlichen Ressourcen Englands umfassend ab. Das Land stellte nach dem Krieg keine wirtschaftliche Großmacht mehr dar und anstatt des Pfunds war nun der Dollar zur Leitwährung geworden.

---

[7] Bünger 151.
[8] Henke 83-84.
[9] Bünger 153.

Großbritannien hatte um den Krieg zu finanzieren, ausländisches Vermögen im Wert von 1 Milliarde Pfund verkauft und die einzige Möglichkeit, das Problem der schlechten Zahlungsbilanz zu lösen, schienen neue Kredite im Ausland zu sein. Nur die USA aber waren im Stande, diese Kredite an Großbritannien zu zahlen.[10]

Die Genehmigung der Kredite beinhaltete allerdings Forderungen von Seiten der USA, die nicht nur in Großbritannien mit großer Unruhe aufgefasst wurden, sondern auch ein Verlust der wirtschaftlichen Unabhängigkeit Englands bedeuteten. Gleichermaßen wurden die amerikanischen Forderungen als ein Schritt gegen das englische Empire und als Versuch, das Land in die amerikanische Abhängigkeit zu bringen, angesehen. Großbritannien war also während des Krieges von einem Gläubiger- zu einem Schuldnerland geworden. Und es war somit nicht nur notwendig, den Export wieder auf das Vorkriegsniveau anzuheben, sondern man musste ihn erheblich darüber hinaus steigern.[11]

Die grundsätzliche Frage war allerdings die Bezahlung der notwendigen Rohstoff- und Lebensmittelimporte. Unmittelbar verschärft wurde diese kritische wirtschaftliche Lage, durch die Kündigung der Land-Lease-Vereinbarungen am 21. August 1945 und der damit zusammenhängenden Lieferungen. Nach den Bestimmungen dieses Programms aus dem Jahre 1941 konnte England Kriegsmaterial, Nahrungsmittel und andere Versorgungsgüter zunächst ohne Bezahlung aus den USA beziehen.[12]

Die Attlee-Regierung hätte diese schwierige Lage durch eine „tiefgreifende Demokratisierung der gesellschaftlichen Verhältnisse" und eine Kürzung der Verpflichtungen in Übersee lösen können, allerdings entschied sich die Regierung für den Weg, der England immer abhängiger von den USA machte. Am 6. Dezember 1945 wurde zwischen den USA und Großbritannien ein Finanzabkommen unterzeichnet, wodurch England eine Anleihe von 3,75 Milliarden Dollar zuzüglich 650 Millionen Dollar für die noch nicht bezahlte Lieferungen aus dem Leih- und Pachtgesetz erhalten sollte.

---

[10] Persson, Hans-Åke, *Rhetorik und Realpolitik* – Großbritannien, die Oder-Neiße-Grenze und die vertreibung der Deutschen nach dem Zweiten Weltkrieg. (Potsdam: Verlag für Berlin-Brandenburg, 1997) 36.
[11] Paulmann 333.
[12] Henke 84.

Dazu musste sich Großbritannien zu 2% Zinsen und der ab 1951 fällig werdenden Zahlungen verpflichten.[13] Außerdem sollte ein Jahr später die „Konvertilibität" des Pfunds von der britischen Regierung wieder zugelassen werden.[14]

Die hohen Forderungen wurden in Großbritannien negativ aufgefasst, trotzdem aber schrieb der Ecomist: "Unsere augenblickliche Notlage ist die direkte Konsequenz daraus, dass wir als erste, am längsten und am schwersten gekämpft haben. Vom moralischen Standpunkt aus sind wir die Gläubiger."[15] Der Regierung blieb allerdings keine andere Wahl, als den Kredit anzunehmen und sie hoffte nun, mit diesem die Zeit nach dem Krieg zu überstehen.

2.3.2 1947 – Ein Krisenjahr für die Labour-Regierung

Die Labour-Regierung hatte gehofft, mit dem Kredit der USA die Krise der Nachkriegszeit zu überbrücken. Währenddessen sollte der Export „forciert", die Kapitalinvestitionen im Ausland erhöht und die Schifffahrt reaktiviert werden, um das Defizit der Zahlungsbilanz abzubauen und vor allem den Dollarmangel zu beheben. Es stellte sich allerdings schnell heraus, dass die Kredite früher als erwartet aufgebraucht sein würden, und besonders das Jahr 1947 wurde zu einem Krisenjahr für die Regierung.[16]

Großbritannien erholte sich wirtschaftlich zwar schnell in den Jahren 1945/46, die Arbeitslosigkeit konnte gering gehalten werden, die Produktion erfuhr einen Aufschwung und die Umstellung von der Kriegs- auf die Friedenswirtschaft schien gut gelungen zu sein. 1947 allerdings wurde sich die Regierung schnell bewusst, dass die Kredite der USA zu schnell verbraucht waren, und die britische Wirtschaft keinesfalls so stabil war, wie sie gedacht hatten.[17]

Das Jahr begann mit einer schweren Brennstoffkrise, die durch die technische Rückständigkeit der Kohleindustrie verursacht worden war, und somit weite Industriezweige lahmgelegt wurden. Die Zahl der Arbeitslosen stieg auf 2,3 Millionen. Die Elektrizität wurde rationiert und es kam wiederholt zum Abschalten des Stromes in den Haushalten. Am 15. Juli 1947 wurde der freie Eintausch von Pfund Sterling in Dollar eingeführt, wie es im Abkommen ein Jahr vorher vereinbart wurde.

---

[13] Bünger 156.
[14] Paulmann 335.
[15] Henke 85.
[16] Bünger 156-57.
[17] Henke 88.

Da aber Großbritannien nicht fähig war, Dollar zu zahlen, wurde der Austausch einen Monat später wieder aufgehoben. Das Defizit der „Zahlungsbilanz" erreichte „Rekordhöhen".

Dies hatte zur Folge, dass es auch im Kabinett zu einer Krise kam und Intrigen gegen Attlee diesen zum Rücktritt zwingen sollten. Attlee gelang es aber durch geschicktes Vorgehen, die Machenschaften gegen ihn „im Keim zu ersticken". Der neue Schatzkanzler Cripps sollte von da an, die Leitung der britischen Wirtschaftspolitik übernehmen. Dieser kündigte ein „strenges Sparsamkeitsregime" an, das eine „spartanische Lebenshaltung" erforderte. „Austerity" (eingeschränkte Lebensweise) wurde von da an zum Leitgedanken der britischen Wirtschaftspolitik.[18]

Die Labour-Regierung versuchte nun, den Missständen in Großbritannien durch eine „Drosselung" des Warenimports entgegen zu wirken. Dadurch kam es zu weiteren Rationierungen der Lebensmittel. Außer der 1946 eingeführten Brotrationen kam 1947 die Kartoffelzuteilung. Gleichzeitig wurden die Fleischrationen eingeschränkt, Mi lch blieb in Großbritannien bis 1950, Zucker bis 1953, Kohle sogar bis 1958 rationiert.

Insgesamt betrachtet erreichten die Bemühungen der Labour-Partei zwar eine Preissteigerung und auch eine Erhöhung der Löhne, allerdings schien „die britische Wirtschaft in der Labour-Ära weder strukturell noch in ihrem Ablauf geplant" zu sein.[19]

2.3.3 Der Marshall-Plan

Hilfe zu bringen schien der am 5. Juni 1947 von USA-Außenminister George C. Marshall verkündete Plan, der den europäischen Ländern mit Warenlieferungen über die Folgen des Krieges hinweghelfen sollte. Ungefähr die Hälfte der von den USA angebotenen Mittel kamen Großbritannien und Frankreich zugute. Rund 2,7 Milliarden US-Dollar erhielt das Vereinigte Königreich bis 1950, wovon vier Fünftel ein Geschenk der USA waren.[20]

---

[18] Bünger 157.
[19] Abelshauser, Werner, „Westeuropas Wiederaufbau vor dem Marshall-Plan." *Vierteljahrshefte für Zeitgeschichte* 29 (1981): 554.
[20] Youngson, A.J., "Die europäischen Volkswirtschaften im zwanzigsten Jahrhundert." *Europäische Wirtschaftsgeschichte.* Ed. Carlo M. Cipolla and Knut Borchardt. (Stuttgart, New York, 1980) 139-173.

Dieses „Hilfsangebot" war allerdings in Wirklichkeit dazu gedacht, die „bürgerlichen Herrschaftsstrukturen" in den westeuropäischen Ländern zu festigen und den Einfluss der demokratischen Kräfte zurückzudrängen. Außerdem sollte die in den USA drohende Überproduktionskrise „gedämpft" und die „ökonomische Expansion" der USA-Monopole begünstigt werden. Der Marshall-Plan wurde von der Labour-Regierung als deutlich positiv aufgenommen und auch tatkräftig unterstützt und gefördert. Das Projekt schien kurzzeitig Besserung zu bringen, allerdings wurden die wirtschaftlichen Schwierigkeiten Großbritanniens dadurch nicht beseitigt.[21]

2.4 Außenpolitische Folgen
2.4.1 „Kontinuität" in der Außenpolitik

Großbritannien ging aus dem Zweiten Weltkrieg nicht nur wirtschaftlich geschwächt hervor, sondern auch sein Einfluss in den internationalen Beziehungen war stark zurückgegangen.

In der Zeit nach dem Zweiten Weltkrieg nahm der Befreiungskampf in den Kolonien erheblich zu. Während Großbritannien um seine Kolonien kämpfte, wurde das Reich gleichzeitig durch den Konkurrenzkampf mit den USA gefährdet. Schon während des Zweiten Weltkriegs gelang es den USA in den englischen Kolonien, besonders in den Dominions Einfluss zu nehmen, und die Rolle Englands zurückzudrängen. Aber nicht nur durch das Vordringen des „Amerikanischen Kapitals" wurde die Herrschaft Englands geschwächt, sondern auch den Dominions gelang es 1946 sich von Großbritannien zu lösen und finanzielle Forderungen an das Vereinigte Königreich zu stellen.[22]

Die USA hatten Großbritannien in die Rolle eines „Juniorpartners" gedrängt, und die gewachsene Macht der Sowjetunion und die revolutionären Umwälzungen in einigen Staaten Ost- und Südosteuropas trugen dazu bei, dass das „internationale Kräfteverhältnis" sich zuungunsten des Vereinigten Königreichs entwickelte.

---

[21] Bünger 158-59.
[22] Kuczynski, Jürgen, *Die englischen Kolonien*. 28 vols. (Berlin: Akademie-Verlag, 1965) 5.

Durch die wachsende „Befreiungsbewegung" in den Kolonien begann das britische Empire seine Stabilität zu verlieren.[23]

Aufgrund des Verlustes an weltpolitischer Selbständigkeit wurden die Veränderungen im Britischen Empire beschleunigt. Churchill kommentierte Ende 1946 die Vorgänge im Reich mit diesen Worten: „Das Britische Empire scheint beinahe so rasch dahinzuschmelzen wie die amerikanische Anleihe."[24] Tatsächlich war die britische Regierung auch damit beschäftigt, das britische Kolonialreich nach und nach abzubauen, um somit die außenpolitischen Verpflichtungen zu verringern.[25]

Nach dem Krieg hatte sich Großbritannien dazu verpflichtet, für eine „demokratische und stabile Nachkriegsordnung" zu sorgen. Die Labour-Regierung hätte also die internationale Position Englands aufwerten können, indem sie eine „auf der friedlichen Koexistenz beruhende Außenpolitik" verfolgt hätten. Allerdings wurde schnell deutlich, dass die neue Regierung die traditionelle Großmachtpolitik vorantreiben wollte, und sie sich gegen die Volksdemokratien in Ost- und Südosteuropa stellte und stattdessen am britischen Imperialismus festhielt.[26]

2.4.2 Befreiungskämpfe in den Kolonien und der Beginn der „Dekolonisation"

Schon unmittelbar nach Kriegsende wurde Großbritannien bewusst, dass die Kolonialvölker in Zukunft nicht mehr unbedingt bereit sein würden, die Herrschaft der Engländer zu dulden. Während des Krieges waren einige Kolonien in Asien, wie Burma und Malaya, von den Japaner besetzt worden, und der Befreiungskrieg von der japanischen Besatzungsmacht mündete nach dem Zweiten Weltkrieg in einen Widerstand gegen die britischen Kolonialherren. Der Krieg gegen den Faschismus wurde von den Völkern in den Kolonien gleichzeitig als ein Befreiungskrieg vom „Kolonialjoch" angesehen.[27]

---

[23] Bünger 159.
[24] Ansprenger, Franz, *Auflösung der Kolonialreiche* (München, 1966) 164.
[25] Henke 92.
[26] Bünger 159-160.
[27] Bünger 174-175.

In einigen Kolonien gab es schon seit Jahrzehnten Kolonialkämpfe gegen Großbritannien, aber nach dem Krieg spitzte sich die Lage in den Kolonien derartig zu, dass Großbritannien nicht mehr fähig war, die national-revolutionäre Befreiungsbewegung einzudämmen und die Vorkriegsverhältnisse wiederherzustellen.[28]

Besonders in Englands größter Kolonie, Indien, war ein solches Ausmaß der Befreiungsbewegung erreicht, dass sich England gezwungen sah, möglichst schnell zu handeln, um einen Krieg oder weitere Aufstände zu verhindern. Die Labour-Partei trug zum Unabhängigkeitsstreben Indiens maßgeblich bei, auch wenn die Regierung zunächst versuchte, im Sinne des alten imperialen Prinzips „Teile und herrsche", eine Verständigung mit den beiden großen Parteien in Indien zu suchen.[29] Der indische Nationalkongress unter der Führung von J. Nehru trat im Gegensatz zu der Moslemliga unter Leitung von M.A. Jinnah, gegen eine Abtrennung der Gebiete von Indien ein, in denen die Bevölkerung islamischen Glaubens die Mehrheit bildete. Dieser Plan wurde von Großbritannien unterstützt, da es aber keine genauen Abgrenzungen zwischen den Gebieten der Moslems und der Hindus gab, wurde dieser Plan besonders von den antiimperialistischen Befreiungskämpfern, die unter der Führung Mahatma Gandhis waren, abgelehnt.

Inzwischen nahm die Zahl der Streiks und Aufstände in Indien zu, allerdings distanzierten sich die Führer der Moslemliga und des Nationalkongresses von den rebellierenden Massen, und konzentrierten sich zunehmend darauf, die von Großbritannien zugesicherte Selbständigkeit Indiens zu realisieren. Aufgrund der durch Großbritannien bewusst geschürten religiösen Auseinandersetzungen, die in bürgerkriegsähnliche Zustände mündeten, setzte sich die Moslemliga zunehmend für eine Abtrennung der islamischen Gebiete ein, und verschärfte dadurch den Konflikt mit dem Nationalkongress.

Nachdem die Labour-Regierung die Übertragung der Regierungsgewalt an Indien bis Juni 1948 zugesichert hatte, wurde kurz darauf beschlossen, anstelle von Britisch-Indien zwei Dominien zu schaffen, die unabhängig von Großbritannien sein sollten.

---

[28] Sieberg, Herward, *Colonial Development - Die Grundlegung moderner Entwicklungspolitik durch Großbritannien 1919-1949*. (Stuttgart: Steiner-Verlag, 1985) 233-234.
[29] Ansprenger 170.

Diesem Plan stimmte schließlich auch der Nationalkongress zu und am 15. August 1947 war die britische Herrschaft über Indien beendet. Es wurden daraufhin zwei unabhängige Staaten gegründet, Indien und Pakistan, die beide den „Dominionstatus" erhielten.[30]

Die Unabhängigkeit führte nicht nur zu tiefgreifenden Veränderungen innerhalb der beiden neuen Staaten, sondern es stellte auch ein bedeutendes Ereignis dar, welches das baldige Ende des britischen Kolonialimperiums einläutete.

Am 4. Februar 1948 wurde auch Ceylon unabhängig und erhielt ebenfalls den Dominionstatus. Allerdings war es hier der Labour-Regierung gelungen, eine friedliche Übereinkunft mit der Befreiungsbewegung zu finden.[31]

In Burma liefen die Ereignisse anders ab, da sich während des Krieges eine antijapanische Widerstandsbewegung, die Antifaschistische Volksfreiheitsliga (AFPFL), gebildet hatte, die auch nach der Vertreibung der Japaner, den Widerstand gegen Großbritannien aufrecht erhielt, als die britischen Kolonialherren versuchten, die Vorkriegsverhältnisse wiederherzustellen. Proteste und Streiks mündeten in einen Generalstreik am 23. September 1946 und die Forderung nach einer nationalen Regierung wurde stärker. Großbritannien schlug daher die Bildung einer „Interimsregierung" unter Aung San vor, der Widerstand der revolutionären Kräfte, besonders der kommunistischen Parteien, wurde allerdings stärker. Letztendlich blieb der britischen Regierung keine andere Möglichkeit, als auf die Kolonialrechte an Burma zu verzichten. Am 4. Januar 1948 proklamierte sich Burma schließlich als unabhängiger Staat, es verblieb allerdings nicht wie Indien, Pakistan und Ceylon im Commonwealth.[32]

Auch in der britischen Kolonie Malaya, kam es vermehrt zu Kämpfen mit der Befreiungsbewegung, die nicht bereit war, sich der britischen Herrschaft erneut zu beugen. Allerdings wollte auch Großbritannien keinesfalls auf die rohstoffreiche Kolonie verzichten. Nach einigen Streiks und Aufständen kam es im September 1948 zu einem Kolonialkrieg, in dem das Volk von Malaya einen Partisanenkampf gegen die Briten begann. Der grausame Kolonialkrieg dauerte mehrere Jahre und erst gegen Ende 1951 gelang es der Kolonialmacht, den Kampf zu ihren Gunsten zu wenden.

---

[30] Bünger 176.
[31] Henke 93-95.
[32] Kuczynski 15-17.

Allerdings setzte die Malayische Befreiungsarmee ihren Kampf noch jahrelang fort, bis sie dann schließlich 1957 die Unabhängigkeit von Großbritannien erreichten.[33]

Nach dem Verlust der Mehrheit der asiatischen Kolonien konzentrierte sich die britische Kolonialpolitik auf Afrika. Doch auch dort war die Befreiungsbewegung rasch angewachsen. Großbritannien war allerdings nicht bereit weitere Zugeständnisse zu machen, und so wurde jeder Aufstand in den afrikanischen Kolonien grausam unterdrückt.

Auch im Nahen und Mittleren Osten geriet die britische Herrschaft „ins Wanken". Das Hauptproblem schien allerdings Palästina zu sein, da die Labour-Regierung sowohl auf Seiten der Araber als auch der Zionisten ihren Einfluss verloren hatte, und sich so gezwungen sah, die Verantwortung für die „Palästina-Frage" im April 1947 an die USA abzugeben. Das britische Mandat über Palästina erlosch am 14. Mai 1948 und am selben Tag proklamierten die Zionisten einseitig den Staat Israels.[34]

Abschließend lässt sich feststellen, dass die Labour-Regierung keinesfalls eine „Entkolonisierungspolitik" betrieben hat, sondern stattdessen im Sinne des Imperialismus auch weiterhin versuchte, die Kolonien als Teil des Englischen Empire zu halten, auch wenn es dadurch mehrfach zu Kolonialkriegen und Unterdrückung der Kolonialvölker kam.

---

[33] Bünger 177- 179.
[34] Bünger 179-180.

3. Schlussbetrachtung

Die Zeit nach dem Zweiten Weltkrieg in Großbritannien ist besonders durch den Regierungswechsel im Juli 1945 gekennzeichnet, der den Beginn eines neuen Abschnitts in der britischen Politik einläuten sollte und mit großen Erwartungen der Bevölkerung Englands verbunden war. Jedoch blieben die Hoffnungen, die das britische Volk in die neue Labour-Regierung gesetzt hatte, größtenteils unerfüllt.

Die große wirtschaftliche Krise, die fast unüberwindbar zu sein schien, und die finanzielle und auch politische Abhängigkeit von den USA, machte aus Großbritannien ein Schuldnerland, das zunehmend seine weltpolitische Bedeutung verlor und durch die wachsende Macht der USA und der UdSSR auch seinen Einfluss in der Welt einbüßte.

Unterstützt wurde dieser Prozess durch die nationalen Befreiungskämpfe der Kolonien, auf welche die Labour-Party mit der gleichen imperialen Weltmachtspolitik reagierte wie die vorherige konservative Regierung unter Churchill. Außerdem schreckte sie nicht davor zurück, einige Kolonialkriege mit den aufständischen Völkern entstehen zu lassen.

Allerdings konnte auch durch diesen Weg nicht verhindert werden, dass das britische Weltreich nach dem Zweiten Weltkrieg zu „zerbröckeln" begann.